Ali Fethi-Dervis

Standards für das Compliance Management nach IDW PS 980 ff

Wie sinnvoll sind die Präventivmaßnahmen zur Verhinderung von Wirtschaftskriminalität?

I

Bibliografische Information der Deutschen Nationalbibliothek:

Die Deutsche Nationalbibliothek verzeichnet diese Publikation in der Deutschen Nationalbibliografie; detaillierte bibliografische Daten sind im Internet über http://dnb.d-nb.de abrufbar.

Impressum:

Copyright © Studylab 2019

Ein Imprint der GRIN Publishing GmbH, München

Druck und Bindung: Books on Demand GmbH, Norderstedt, Germany

Coverbild: GRIN Publishing GmbH | Freepik.com | Flaticon.com | ei8htz

Gender Erklärung:

Aus Gründen der besseren Lesbarkeit wird in dieser Bachelorarbeit die Sprachform des generischen Maskulinums angewendet. Es wird an dieser Stelle darauf hingewiesen, dass die ausschließliche Verwendung der männlichen Form geschlechtsunabhängig verstanden werde soll.

Inhaltsverzeichnis

Abkürzungsverzeichnis

A	Anlage
Abb.	Abbildung
AG	Aktiengesellschaft
AktG	Aktiengesetz
BilMoG	Bilanzmodernisierungsgesetz
bzw.	beziehungsweise
CMS	Compliance Managementsystem
Co.	Compagnie
COSO	Committee of Sponsoring Organization
DCGK	Deutscher Corporate Governance Kodexes
DIIR	Deutsches Institut für Interne Revision
ebd.	ebenda
EPS	Entwurf des Prüfungsstandards
etc.	et cetera
ff.	fortfolgend
GmbH	Gesellschaft mit beschränkter Haftung
HGB	Handelsgesetzbuch
IAA	Institute of Internal Auditors
ICC	International Chamber of Commerce
IDW	Institut der Wirtschaftsprüfer
IFRS	International Financial Reporting Standards
IKS	Internes Kontrollsystem
IPPF	International Professional Practices Framework
IRS	Internes Revisionssystem
ISF	Standard of Good Practice for Information Security
IT	Informationstechnik
i.V.m.	in Verbindung mit

KG	Kommanditgesellschaf
OCEG	Open Compliance and Ethics Group
OECD	Organisation for Economic Co-operation and Development
PS	Prüfungsstandard
RMS	Risikomanagementsystem
Rn.	Randnummer
S.	Seite
Tab.	Tabelle
Tz.	Textziffer
URL	Uniform Resource Locator
US-GAAP	United States Generally Accepted Accounting Principles
Vgl.	Vergleich
z.B.	zum Beispiel

Abbildungsverzeichnis

Tabellenverzeichnis

1 Einleitung

1.1 Problemfeststellung

„Siemens business is clean business"– Mit diesem Leitspruch verspricht die Compliance Abteilung der Siemens AG mittlerweile eine Null Toleranz gegenüber Korruption und anderen Gesetzesverstößen. Dieser Grundsatz stand jedoch nicht immer im Vordergrund des Unternehmens. Im Jahr 2006 flog der Korruptionsskandal der Siemens AG auf. Dabei hatte der Technologiekonzern im Rahmen der Korruptionsaffäre 330 dubiose Projekte, 4300 illegale Zahlungen und Kosten von bis zu 2,5 Milliarden Euro.[1] Ziel des Vorhabens war es im Ausland mit Hilfe von Bestechungen an Amtsträger und Unternehmen an Aufträge zu kommen. Die Siemens AG vernachlässigte dabei fahrlässig das seit 1997 in Deutschland bereits in Kraft getretene Antikorruptionsgesetz. Folglich führte der Skandal im Anschluss zu hohen Geldstrafen in Millionenhöhe für das Unternehmen. Während sich der Technologiekonzern mit der Zeit davon erholen konnte, hatten andere Wirtschaftsstraftaten von anderen Unternehmen, wie beispielsweise die Scheingeschäfte der Flow-Tex GmbH & Co. KG, das Ende ihrer Unternehmensfortführung zur Folge.

Für jedes Unternehmen gilt die Wirtschaftskriminalität als ein zentrales Problem. Die Folgen daraus führen zu negativen Auswirkungen auf die Reputation eines Unternehmens und bedrohen im schlimmsten Fall die Fortführung der Geschäftstätigkeit. Straftaten können extern beispielsweise durch Kunden oder Lieferanten begangen werden. Es besteht jedoch auch die Möglichkeit, dass sich der Ursprung in den eigenen Reihen wiederfinden lässt. In diesem Fall werden die Straftaten von Mitarbeitern oder sogar von der eigenen Geschäftsführung verursacht.

Insgesamt hatten die Skandale ein Umdenken in den Unternehmen ausgelöst. Es entstanden große Compliance Abteilungen, die neben der Einhaltung der gesetzlichen Regelungen und Standards, neuartige Managementsysteme einführten. Was wird unter Compliance verstanden? Was sind diese Managementsysteme und welchen Zweck sollen diese erfüllen? Das Institut der Wirtschaftsprüfer (IDW) hat mit seinen Prüfungsstandards (PS) 980 ff. ein Regelwerk erschaffen und versucht damit unter anderem diese Fragen zu beantworten. Für Aufsichtsräte, die in einem Unternehmen als wichtiges Kontrollorgan fungieren, können diese Systeme nützlich sein, um ihre Beratungs- und Kontrollaufgaben zu unterstützen.

---

[1] Vgl. Leyendecker, (URL 1).

Die essentielle Frage, die sich nun für die Aufsichtsräte ergibt, ist, ob diese Managementsysteme nach den IDW PS 980 ff. auch tatsächlich präventiv gegen Wirtschaftsstraftaten eingesetzt werden können.

1.2 Gang der Untersuchung

Der zentrale Kontext dieser wissenschaftlichen Ausarbeitung ist die Klärung der Frage, ob mit Unterstützung der IDW PS 980 ff. die Wirtschaftskriminalität angegangen werden kann und inwieweit diese zur Unterstützung eines Aufsichtsrates als Präventivmaßnahmen eingesetzt werden können. Der Aufbau dieser Thesis stellt sich dementsprechend wie folgt dar.

Das Grundwerk dieser Thesis besteht aus den IDW PS 980 ff., den gesetzlichen Vorschriften im Rahmen der Managementsysteme und deren Präventionseigenschaft sowie den dazugehörigen Kommentierungen, Publikationen bzw. Literaturen. Im Fokus steht dabei die Beschreibung der einzelnen Managementsysteme im Allgemeinen, die Anforderungen dafür näher zu bringen und ihre Grundelemente zu erläutern. Die Wirtschaftskriminalität wird als Auslöser für die Entstehung der Managementsysteme verstanden und wird daher in dieser Ausarbeitung mitberücksichtigt. Um allerdings den umfassenden Begriff der Wirtschaftskriminalität einzugrenzen, liegt der Fokus auf den betriebswirtschaftlichen Delikten.

Der IDW PS 980 ist seit April.2011 veröffentlicht. In den letzten sieben Jahren lässt sich dazu ausreichend Literatur finden, welche die Thematik näher ausführt. Die IDW PS 981 ff. sind allerdings erst seit März.2017 veröffentlicht.[2] Dementsprechend wurden dafür bisher wenig aussagekräftige Literaturwerke veröffentlicht. Da sich jedoch alle Standards in ihren Inhalten, bis auf einige Ausnahmen, angleichen, lässt sich die Würdigung in ihren wesentlichen Punkten insgesamt auf alle Bereiche übertragen. Aufgrund der Zugriffsberechtigung wurden auf die Entwürfe der IDW PS 981-983 zurückgegriffen. Diese haben allerdings keinen wesentlichen Unterschied zu den veröffentlichten Versionen.

Ziel dieser Untersuchung ist es, die IDW PS 980 ff. kritisch zu hinterfragen und eine Beurteilung darüber abzugeben, ob die beschriebenen Managementsysteme sinnvoll als Hilfsmittel gegen Wirtschaftskriminalität eingesetzt werden können.

Die Inhalte dieser Thesis orientieren sich am Rechtsstand des 01.03.2018.

---

[2] Vgl. Otremba, S. 144.

Alle Rechtsänderungen und Veröffentlichungen danach können dementsprechend nicht berücksichtigt werden.

2 Wirtschaftskriminologische Grundlagen

Der Begriff der Wirtschaftskriminalität ist ein vielfältiger Begriff. Demnach existiert eine übergreifende Definition als solche nicht. Vielmehr gilt es, die Wirtschaftskriminalität als interdisziplinäres Phänomen zu betrachten.[3] Hervorzuheben sind hierbei fünf relevante Betrachtungsperspektiven. Dazu zählen die Betriebswirtschaft, das Recht, die Ethik, die Psychologie und die Soziologie.[4] Die Mehrdimensionalität der Betrachtungsperspektiven soll im folgenden Schaubild dargestellt werden.

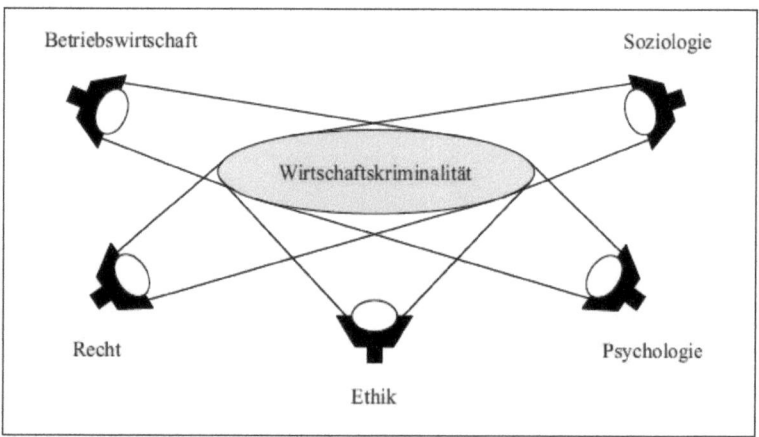

Abb. 1: Wirtschaftskriminalität als interdisziplinäres Phänomen
Quelle: Löw, S. 24.

2.1 Wirtschaftsstraftaten aus betriebswirtschaftlicher Sicht

Der Fokus aus betriebswirtschaftlicher Sicht ist die unternehmensinterne Kosten-Nutzen-Überlegung.[5] Spätestens dann, wenn wesentliche materielle oder immaterielle Schäden entstehen, sind kriminelle Handlungen als gefährdend einzustufen. Aus der Perspektive der Betriebswirtschaftslehre sind auch sozialwissenschaftliche Aspekte mit zu berücksichtigen.[6] So sind beispielsweise kriminelle

---

[3] Vgl. Müller, S. 844 und vgl. Löw, S. 20.
[4] Vgl. Müller, S.839-846.
[5] Vgl. Schuchter (2011), S. 53.
[6] Vgl. ebd., S. 53.

Handlungen nicht nur auf den Mangel und das Versagen interner Kontrollen zu-
rückzuführen, sondern es steht dabei auch die Motivation des Menschen, der die
kriminelle Tat begangen hat, mit im Vordergrund.

Trotz der Schwierigkeit der Begriffsabgrenzung, lassen sich Wirtschaftsstraftaten
im Allgemeinen in die Kategorien „Occupational Crime" und „Corporate Crime" un-
terteilen.[7]

Als Occupational crime wird das Verhalten einiger Mitarbeiter in einem Unternehmen bezeichnet, die sich durch unerlaubte Delikte wie Diebstahl oder Unterschla-
gung einen persönlichen Vorteil verschaffen möchten, damit aber gleichzeitig dem
gesamten Unternehmen schaden.

Anders als bei den Delikten im Occupational crime, die durch die Tat einzelner Personen begangen werden, bezeichnet der Begriff Corporate crime Delikte mehrerer
Personen im organisierten Bereich. Dabei streben mehrere Angestellte oder Personen des Managementes mithilfe krimineller Handlungen nach wirtschaftlichen Ge-
winnen zugunsten des Unternehmens. Als mögliche Delikte können hierbei unter
anderem Bilanzfälschungen, Bestechung von Kunden und Lieferanten, Kartellver-
stöße etc. genannt werden.

Die Straftaten, dich sich im Rahmen des Corporate Crime ergeben sind wesentlich
kritischer zu betrachten als die, die durch Occupational Crime entstehen. Delikte
im Bereich Corporate Crime versuchen gezielt und langfristig interne sowie externe Vorschriften und Richtlinien außer Kraft zu setzen bzw. zu umgehen. Ermöglicht wird das durch ein ganzes Kollektiv von Mitarbeitern und Abteilungen eines
Unternehmens, sowie beteiligte Dritte. Kritisch zu betrachten ist dabei, dass die
Systematik einer Straftat von den untersten Hierarchieebenen bis zum obersten
Management durchstrukturiert sein kann, was folglich die Entdeckung bzw. deren
Prävention erschwert.

2.2 Arten der Wirtschaftskriminalität

Grundsätzlich lassen sich in der Theorie die einzelnen Wirtschaftsstraftaten voneinander abgegrenzt darlegen. Die Praxis zeigt jedoch, dass eine Artenkombination
auftreten kann, sodass mehrere Gesetzesverstöße, wie z. B. Urkundenfälschung zu-
gleich Falschbilanzierung, auftreten können.[8] Gleichzeitig können innerhalb einer

---

[7]   Vgl. Burkatzki, S.11 ff..
[8]   Vgl. Schuchter (2011), S.42.

Art mehrere Unzulässigkeiten entstehen. Als Beispiel dafür kann im Rahmen eines absichtlich erstellten fehlerhaften Konzernabschlusses (Falschbilanzierung) die wirtschaftliche Zuordnung missachtet, die Bilanzierungsansätze falsch ermittelt sowie der Ausweis in der Bilanz nicht korrekt dargestellt werden.[9] Im folgenden Schaubild ist die Vielfältigkeit der Straftaten dargestellt.

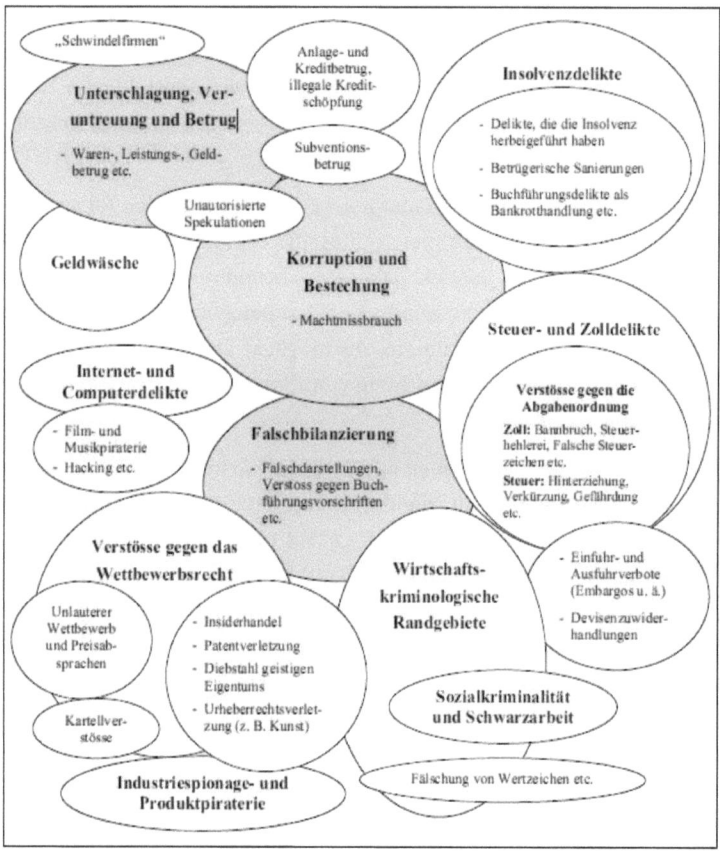

Abb. 2: Überschneidungen in den Arten der Wirtschaftskriminalität
Quelle: Schuchter, S. 43.

---

[9] Vgl. ebd..

2.3 Erklärungsansätze für die Entstehung von Wirtschaftskriminalität

Um der Wirtschaftskriminalität aktiv entgegenzuwirken, müssen zunächst die Ursachen ihrer Entstehung erläutert werden. In der Literatur wird eine Vielzahl an Erklärungsansätzen und Entstehungen beschrieben.[10] Wie bereits in den vorhergehenden Kapiteln hängen diese von der Betrachtungsweise des Urteilenden ab. Das gängigste und weltweit bekannteste Modell ist das „Fraud Triangle"- Modell.

Dieses Modell, auf das bis in die Gegenwart zurückgegriffen wird, fand in den 40er Jahren durch den US-amerikanischen Kriminologen Donald R. Cressey große Anerkennung. Cressey stellte fest, dass Wirtschaftskriminalität dann entsteht, wenn die folgenden drei Faktoren bis zu einem gewissen Grad erfüllt sind:[11]

1. Es existiert eine Gelegenheit zur Tat.
2. Der Täter muss eine Motivation, einen Anreiz oder einen subjektiven Drang zur Tatausübung haben.
3. Die Rechtfertigung der Tat muss mit der eigenen Einstellung des Täters im Einklang sein

Das folgende Schaubild repräsentiert das Zusammenspiel der drei Faktoren in einem interaktiven Verhältnis.

Abb. 3: Fraud Triangle
Quelle: Schuchter (2018), S.27.

Die Entstehung der Motivation kann unterschiedlich begründet werden. Habgier, Verbesserung des Lebensstils, wirtschaftlicher Druck, Langeweile sowie

---

[10] Vgl. Schuchter (2018), S.27.
[11] Vgl. Ganguli, S. 12.

7

Erpressung sind einige Motive, die Einfluss darauf nehmen können, eine Straftat zu begehen.[12]

Bei der Rechtfertigung will der Straftäter sein eigenes Handeln mit seinem schlechten Gewissen in Einklang bringen. Dabei werden häufig Begründungen und Ausreden wie „Ich hatte keine Wahl" oder „Es war zum Wohle des Unternehmens" gewählt.[13]

Die Gelegenheit ergibt sich nicht nur durch das Fehlen oder durch die Ineffektivität interner Kontrollen, sondern auch durch ungeregelte Prozesse oder Organisationsanweisungen. Dadurch werden Straftaten überhaupt erst ermöglicht und hervorgerufen.

Im Jahr 2004 wurde das Fraud Triangle um eine vierte Komponente erweitert, was zum sogenannten „Fraud Diamond" führte.[14] Die vierte Komponente ist die Fähigkeit zur Tat. Als Fähigkeit wird der Einfluss des Einzelnen auf die Ausübung einer Tat bezeichnet. Dabei spielen insbesondere das Bewusstsein einer Person für seine Position sowie seine dazu benötigten Fähigkeiten und das Wissen eine essentielle Rolle.

---

[12] Ganguli, S. 14.
[13] Ganguli, S. 15.
[14] Wolfe, S. 38 ff.

3 Das wichtigste Kontrollorgan in einem Unternehmen

3.1 Die Rolle des Aufsichtsrats

Gemäß § 111 AktG ist die zentrale Aufgabe des Aufsichtsrats die Überwachung der Geschäftsführung der Gesellschaft. Ein wesentlicher Bestandteil der Überwachungstätigkeit besteht aus der Kontrolle und Steuerung.[15] Die Kontrolle ist eine Form der Überwachung, die von Personen oder Organisationseinheiten durchgeführt wird, um einen Vergleich darüber zu erhalten ob und inwieweit Abweichungen zwischen dem geplanten und dem realisierten Zustand entstanden sind.[16] Ist es zu Abweichungen gekommen, sind im nächsten Schritt Analysen durchzuführen, um daraus die Ursachen der Abweichungen zu ermitteln. Die Überprüfungspflicht erstreckt sich auf den Jahresabschluss, den Lagebericht und den Gewinnverwendungsvorschlag. Zudem muss das Risikofrüherkennungssystem, welches vom Vorstand nach § 91 Abs. 2 AktG einzurichten ist, mit in die Prüfungstätigkeit mit aufgenommen werden. Gemäß des Deutschen Corporate Governance Kodexes (DCGK) soll der Aufsichtsrat zusätzlich bei den unternehmerischen strategischen Entscheidungen miteingebunden werden.[17] Allerdings wird operative Geschäft weiterhin von der Geschäftsführung bestimmt.

Nach Einführung des BilMoG hat sich das Überwachungsspektrum des Aufsichtsrats um die Überwachung der Wirksamkeit des internen Kontrollsystems, des internen Risikomanagementsystems sowie des internen Revisionssystems erweitert.[18] Das Compliance Managementsystem zählt nach Auffassung des DCGKs ebenfalls dazu.[19] Diese vier genannten Systeme sind jeweils Elemente des Corporate Governance-Systems und werden im Folgenden auch als Managementsysteme bezeichnet.

---

[15] Vgl. Häfele, (URL 2).
[16] Vgl. Wischermann, (URL 3).
[17] Vgl. DCGK, Tz. 5.2.
[18] Vgl. Grüninger, S.3.
[19] Vgl. DCGK, Tz. 5.3.2. i.V.m. Tz. 3.4. und Tz. 4.1.3.

3.2 Wirtschaftsprüfer als unterstützendes Instrument

Der Aufsichtsrat hat nach §107 Abs. 3 S.1 u. S.2 AktG die Wahl, einen Prüfungsausschluss aus den eigenen Reihen zu bestimmen oder einen externen Dienstleister, wie einen Wirtschaftsprüfer, zu beauftragen. Der wesentliche Vorteil bei der Entscheidung, auf einen Wirtschaftsprüfer zurückzugreifen, liegt in der objektiven Beurteilung durch seine Unabhängigkeit. Als Nachteil können hohe Auftragskosten, abhängig vom Komplexitätsgrad, und Umfang der Managementsysteme dagegensprechen. Der Wirtschaftsprüfer orientiert sich im Rahmen seiner Prüfungstätigkeit an die dafür erstellten IDW Prüfungsstandards 980 ff. In diesen wird jeweils explizit erwähnt, dass die Prüfung der Managementsysteme einen freiwilligen Bestandteil darstellen und nur durch einen zusätzlichen Auftrag des Auftragsgebers angenommen werden können.

4 Die vier Governance-Elemente eines Unternehmens

Compliance Managementsystem (CMS), Risikomanagementsystem (RMS), internes Kontrollsystem (IKS) und internes Revisionssystem (IRS) zählen zum integralen Bestandteil des Corporate Governance eines Unternehmens. Sie bilden sowohl im Einzelnen als auch im Zusammenspiel ein wichtiges Instrument, die dem Aufsichtsrat bzw. dem Vorstand bei ihrer Sorgfaltspflicht unterstützt. Das Institut der Wirtschaftsprüfer (IDW) hatte im April 2011 zunächst mit dem IDW PS 980 einen Standard veröffentlicht, der einen standardisierten Maßstab darüber bietet, wie ein Compliance Managementsystem auszusehen hat. Aufgrund der breiten Akzeptanz durch die Unternehmen wurde in der Folge im März 2017 die weiteren Standards IDW PS 981-983 veröffentlicht.

4.1 Compliance-Management-System (CMS) nach IDW PS 980

Unter dem Begriff Compliance wird die Gesamtheit der einzuhaltenden internen sowie externen Richtlinien und Gesetze, die für ein Unternehmen gelten, verstanden.[20] Adressaten sind hierbei die Mitarbeiter, die Unternehmensführung, aber auch betroffene Dritte, wie beispielsweise Lieferanten. Der wesentliche Unterschied zwischen den Parteien liegt in der Verantwortung, die lediglich die Unternehmensführung trägt.[21]

Das Ziel eines CMS ist es die Organe und Mitarbeiter innerhalb eines Unternehmens vor möglichen Rechtsverstößen zu schützen. Für deutsche Unternehmen existieren keine konkreten gesetzlichen Vorgaben dafür, wie die formalen Compliance Strukturen und Inhalte ausgelegt werden sollen. Vielmehr entscheidet jedes Unternehmen anhand seiner individuellen Geschäftsrisiken, welche Regelungen in einem CMS definiert werden müssen.[22] Mit dem IDW PS 980 ist der Aufbau und die Anforderung an ein CMS allerdings konkretisiert. Grundsätzlich gilt der Prüfungsstandard für den Wirtschaftsprüfer im Rahmen seiner Prüfungstätigkeit. Allerdings kann sich der Aufsichtsrat auf Teilinhalte aus dem Standard beziehen und diesen als Unterstützungsinstrument einsetzen. Gerade auf die Frage, welche Anforderungen an ein CMS gerichtet sind, gibt der Prüfungsstandard eine detaillierte Antwort.

---

[20]   Vgl. Zentes, S. 62 und vgl. IDW, IDW PS 980 Tz. 5.
[21]   Vgl. Köhler-Ma, S.1.
[22]   Vgl. Zentes, S. 63.

4.1.1 Anforderungen an ein CMS

Anwendbar ist ein CMS hauptsächlich auf Geschäftsbereiche, auf Unternehmensprozesse oder auf bestimmte Rechtsgebiete.[23] In der folgenden Tabelle sind einige Beispiele zu den abgegrenzten Teilbereichen zu entnehmen.

Rechtsgebiete	Geschäftsbereiche/ Unternehmensprozesse
Wettbewerbs- und Kartellrecht Antikorruptionsrecht Börsenrecht Geldwäschegesetz Umweltrecht Zollrecht Produkthaftungsrecht	Ausschreibung und Vergabe (Einkauf) Provisionszahlung (Vertrieb) Arbeitssicherheit und technische Sicherheit (Produktion) Vertragsmanagement

Tab. 1: Einige Beispiele für die Teilbereiche Rechtsgebiete, Geschäftsbereiche und Unternehmensprozesse
Quelle: IDW, IDW PS 980, A3; eigene Darstellung in Form einer Tabelle. Geschäftsbereiche und Unternehmensprozesse sind zusammengefasst dargestellt.

Die Anforderungen an ein CMS sind in der Tz.7 ff. im IDW PS 980 erwähnt und erläutert. Genannt sind im Wesentlichen die CMS-Grundsätze, Konzeption eines CMS, CMS-Beschreibung sowie die Angemessenheit, Implementierung und Wirksamkeit des CMS in Übereinstimmung mit den angewandten CMS-Grundsätzen.

CMS-Grundsätze sind aus den allgemeinen anerkannten und angemessenen Rahmenkonzepte oder aus den individuell selbsterstellten Rahmenkonzepten zu entnehmen.[24] Allgemein anerkannte Rahmenkonzepte werden von autorisierten und rechtlich anerkannten Institutionen entwickelt und veröffentlicht. Die daraus resultierenden Standards können entweder direkt übernommen oder als Grundlage für die Erstellung eigener Standards verwendet bzw. angepasst werden. Für den gesetzlichen Vertreter besteht weiterhin die Wahl, unabhängig von bereits vorhandenen Standards, eigene Konzeptionen zu verfolgen. Ein wesentlicher Grund für die Erstellung eigener Standards könnte eine im Unternehmen vorhandene Spezialisierungs- oder Nischenstruktur sein. Dementsprechend sind für das CMS besondere Vorgaben und Richtlinien erforderlich. Es ist jedoch nicht auszuschließen, dass für bestimmte Nischenbereiche eigene Standards bereits vorhanden sind.

---

23 Vgl. IDW, IDW PS 980, Tz. 6.
24 Vgl. IDW, IDW PS 980, Tz. 8.

Aus der folgenden Tabelle sind einige Rahmenkonzepte zu entnehmen, die prinzipiell auf alle Managementsysteme anwendbar bzw. speziell für bestimmte Managementsysteme konzipiert sind.

Bezeichnung	Kurzerläuterung
Foundation Guidelines "Red Book"	Die „OCEG Guidelines" geben Richtlinien für die Konzeption, Implementierung, Aufrechterhaltung, Überwachung und Beurteilung von Compliance-Programmen wieder.
COSO: - Integrated Framework, COSO I (1992) - Integrated Framework, COSO II (2004)	Ein Rahmenwerk, welches für das Risikomanagement innerhalb eines Unternehmens eingesetzt wird. Empfohlen wird das in erster Regel für die Beurteilung von einem IKS.
OECD: - Grundsätze der Corporate Governance - Guidelines for Multinational Enterprises	Grundsätze, die im Rahmen des Corporate Governance eingesetzt werden aus denen Leitsätze abgeleitet werden können, in Bezug auf das Verhalten innerhalb eines Unternehmens.
ICC-Verhaltenskodex	ICC-Verhaltensrichtlinien, die den Umgang mit dem Thema Korruption darlegen (Verhaltenskodex).
ISF Standard	Standard of Good Practice for Information Security ist ein Standard, der sich mit IT-Sicherheit innerhalb eines Unternehmens beschäftigt.

Tab. 2: Allgemein anerkannte Rahmenkonzepte
Quelle IDW, IDW PS 980, A1; eigene Darstellung in Form einer Tabelle.

Die Konzeption eines CMS umfasst nach dem IDW PS 980 die sieben Grundelemente Compliance-Kultur, Compliance-Ziele, Compliance-Risiken, Compliance-Programm, Compliance-Organisation, Compliance-Kommunikation sowie Compliance-Überwachung und Verbesserung.[25]

Die CMS-Beschreibung konkretisiert unter der Berücksichtigung der CMS-Grundsätze die sieben Grundelemente im Detail.[26] Die Aussagen in der CMS-Beschreibung gelten als angemessen dargestellt, wenn auf die gesamten Grundelemente eingegangen und keine verzerrende Darstellung des tatsächlichen Zustands dargelegt

---

[25] Vgl. IDW, IDW PS 980, Tz. 10.
[26] Vgl. IDW, IDW PS 980, Tz. 11.

wird.[27] Hierfür gilt als Voraussetzung für die Angemessenheit, dass wesentliche Regelverstöße sowohl frühzeitig erkannt als auch verhindert werden können und dass die Grundsätze wie auch die Maßnahmen zu einem bestimmten Zeitpunkt implementiert waren.[28] Implementiert ist ein CMS erst dann, wenn die Grundsätze und Maßnahmen im laufenden Prozess mit eingebunden sind.[29]

Die Wirksamkeit eines CMS hängt sehr stark davon ab, inwiefern die betroffenen Personen innerhalb eines Unternehmens ihrer Verantwortlichkeit bewusst sind und die für die CMS erstellten Regelungen auch tatsächlich eingehalten werden. Selbst ein wirksames CMS unterliegt systemimmanenten Grenzen. Diese entstehen durch menschliche Fehlleistungen in Form von Nachlässigkeiten, Beurteilungsfehlern oder Ablenkungen. Darunter fällt auch der Missbrauch durch absichtliche begangene Regelverstöße.[30]

4.1.2 Die Sieben Grundelemente

Um die Angemessenheit zu gewährleisten, müssen die sieben Grundelemente fest in den Geschäftsabläufen mit eingebunden sein. Die Grundelemente stehen dabei in permanenter Wechselwirkung zueinander. Die Verantwortung für das CMS im Rahmen der Ausgestaltung und Prozessabläufe trägt der gesetzliche Vertreter. Die Compliance-Ziele, die Größe des Unternehmens und sowie die Art der Geschäftstätigkeit bestimmen den Umfang der Ausgestaltung eines CMS.[31]

4.1.2.1 Compliance – Kultur

Das Fundament für die Angemessenheit und Wirksamkeit eines CMS wird in Form der Compliance-Kultur dargestellt.[32] Die Grundeinstellung, sowie das Verhalten des Managements und Aufsichtsrats gegenüber des Begriffes „Compliance" prägen im Wesentlichen die Compliance-Kultur. Dies überträgt sich im Verlauf unmittelbar auf die Einstellung und das Verhalten der Mitarbeiter. Ausgehend davon orientieren sich Mitarbeiter mit ihrem Verhalten am Auftreten der oberen Führungsebene. Einflussfaktoren auf die Compliance-Kultur sind beispielsweise:

---

[27] Vgl. IDW, IDW PS 980, Tz. 19.
[28] Vgl. IDW, IDW PS 980, Tz. 17 u. Tz. 20.
[29] Vgl. IDW, IDW PS 980, Tz. 20.
[30] Vgl. IDW, IDW PS 980, A12.
[31] Vgl. IDW, IDW PS 980, Tz. 23.
[32] Vgl. IDW, IDW PS 980, Tz. 23, A14.

- kommunizierte Unternehmenswerte und Verhaltensgrundsätze durch die gesetzlichen Vertreter
- Anreizsysteme, die das Einhalten aufgestellter Regeln belohnt (z.B. bei der Personalbeurteilung oder Beförderung)
- der Führungsstil und die Personalpolitik
- die Wahrnehmung der Aufgaben des Aufsichtsrats in Bezug auf Compliance mit Risikomanagement.

Mitarbeiter reagieren eher mit Akzeptanz auf die Compliance-Kultur, wenn aufgedeckte Regelverstöße jeder Art mit Sanktionen bestraft werden, unabhängig davon, welches Ansehen die Person innerhalb des Unternehmens genießt. Damit sind auch Personen in der Führungsebene miteingeschlossen.

4.1.2.2 Compliance – Ziele

Compliance-Ziele sind nach Abgrenzung der Teilbereiche und den dafür zu beachtenden Regeln mit den allgemeinen Unternehmenszielen abzugleichen.[33] Sie sind als optimal zu bewerten, sofern sie nahezu deckungsgleich mit den strategischen Unternehmenszielen sind.[34] Zu berücksichtigen ist bei der Festlegung der Compliance-Ziele:

- Verständlichkeit und Realisierbarkeit der Ziele
- widerspruchsfreie Formulierung unterschiedlicher Ziele
- Ziele müssen messbar sein
- notwendige Ressourcen müssen vorhanden sein.

4.1.2.3 Compliance – Risiken

Ausgehend von einer Risikoanalyse werden die möglichen Compliance-Risiken festgestellt. Im Rahmen der Risikoanalyse werden mögliche Folgen ermittelt, die eintreten können, falls gegen einzuhaltende Regeln verstoßen oder diese missachtet werden.[35] Ein Verfahren zur Risikoerkennung und -berichterstattung ist unvermeidlich. Festgestellte Risiken werden im Anschluss an die Wahrscheinlichkeit des Eintretens und der daraus entstehenden Auswirkungen analysiert. Entscheidungen, die von den gesetzlichen Vertretern bezüglich der Risikosteuerung getroffen

---

[33] Vgl. IDW, IDW PS 980, Tz. 23, A15.
[34] Vgl. Heißner, S.119.
[35] Vgl. IDW, IDW PS 980, Tz. 23, A16.

werden, müssen berücksichtigt werden. Zur Risikosteuerung zählen unter anderem folgende Maßnahmen:

- Risikovermeidung
- Risikoreduktion
- Risikoüberwälzung
- Risikoakzeptanz.[36]

Sowohl unternehmensinterne als auch unternehmensexterne Faktoren spielen bei der Ermittlung der Risikoanalyse eine wesentliche Rolle. Dabei kann es durchaus sein, dass die internen mit den externen Faktoren korrelieren (z.B. Personalveränderung und Expansion neuer Märkte). Mögliche Beispiele sind aus der folgenden Tabelle zu entnehmen:

Interne Faktoren	Externe Faktoren
Personalveränderung	Veränderungen im wirtschaftlichen und rechtlichen Umfeld
Überdurchschnittliches Unternehmenswachstum	
	Expansion in neue Märkte
Umstrukturierungen	Technologischer Fortschritt

Tab. 3: Aufteilung der Risikoanalyse in interne und externe Faktoren
Quelle: IDW, IDW PS 980, A16; Tabelle aus eigener Darstellung.

Eine Aufteilung in diese zwei Teilbereiche ist aufgrund der möglichen Einflussnahme des Unternehmens durchzuführen. Externe Faktoren können ein Unternehmen nicht unmittelbar beeinflussen. Auf diese kann ein Unternehmen höchstens reagieren. Interne Faktoren wiederum resultieren aus der operativen Geschäftstätigkeit, die beeinflussbar sind und aktiv gesteuert werden können. Jedes Unternehmen wählt seinen individuellen Compliance-Risikoschwerpunkt ausgehend von der eigenen Geschäftstätigkeit und den eigenen relevanten risikobehafteten Geschäftsbereich. Ein Unternehmen, welches starke Auslandsverflechtungen hat, wird sich eher mit dem Risiko der Korruption beschäftigen. Ein Unternehmen, welches viele Kundendaten speichert, wird sich stark mit der Absicherung eigener Daten auseinandersetzen und identifiziert das Risiko des Diebstahls von internen Daten.[37]

---

[36] Vgl. IDW, IDW PS 980, A16.
[37] Vgl. Heißner, S.121 ff.

Generell lässt sich die Methodik zur Risikoanalyse der Compliance-Risiken von der allgemeinen Risikoanalyse von Unternehmensrisiken ableiten.[38]

Compliance-Risiken durchlaufen einen dynamischen Regelprozess, in dem die Rahmenbedingungen ständigen Veränderungen unterliegen. Das führt zu einer kontinuierlichen Weiterentwicklung und Verbesserung eines CMS.[39]

4.1.2.4 Compliance – Programm

Nach der Identifizierung der Compliance-Risiken, stellt sich im nächsten Schritt die Frage, welche Grundsätze und Maßnahmen ein geeignetes Compliance-Programm haben sollte, um diesen Risiken entgegenzuwirken. Grundsätze in diesem Sinne sind Regelungen, die das regelkonforme Verhalten eines Mitarbeiters bestimmen sollen.[40] Code of Conduct", „Value Statement", „Ethik-Kodex" oder „Governance Policy" sind Sammlungen von Regelungen (Rahmenkonzepten), an denen sich das Management bei der Erstellung der Grundsätze orientieren kann.

Bei den Maßnahmen handelt es sich in erster Regel um die Verhinderung von Regelverstößen, was auch als Prävention verstanden werden kann. Die Prävention umfasst neben der Verhinderung von Regelverstößen auch das frühzeitige Erkennen von Risiken, sowie die Reaktion auf die erkannten Risiken. Sind Regelverstöße bekannt, ist eine zeitnahe Kommunikation mit den zuständigen Stellen und eine Ursachenanalyse, die das Entstehungsproblem ermittelt, durchzuführen. Die Ursachenanalyse führt darüber hinaus zu einer Verbesserung des CMS, da dadurch zukünftige Wiederholungen minimiert werden können. Zu den Maßnahmen zählen auch die integrierten Kontrollen. Die Kontrollen stellen die Einhaltung der Grundsätze und die Umsetzung der Maßnahmen sicher.[41]

Alle Ergebnisse sollen im Folgenden dokumentiert werden, um die Nachvollziehbarkeit zu gewährleisten.

4.1.2.5 Compliance – Organisation

Im Rahmen der Compliance-Organisation werden die Aufgaben- und Verantwortlichkeitsbereiche geregelt. Zur Unterstützung kann ein Compliance-Beauftragter ernannt werden, der als Schnittstelle fungiert und im ständigen Austausch mit der

---

38 Vgl. Romeike, (URL 4).
39 Vgl. IDW, IDW PS 980 A16.
40 Vgl. IDW, IDW PS 980 Tz. 23, A17.
41 Vgl. IDW, IDW PS 980 A17.

Führungsebene steht. Von ihm wird ein breites Spektrum an Wissen und eine interdisziplinäre Betrachtungsweise erwartet.

Die Compliance-Organisation befasst sich außerdem mit der Integration in die Aufbau- und Ablauforganisationen. Die Frage, die sich ein Unternehmen an diesem Punkt stellen wird, ist, ob eine zentrale oder eine dezentrale Organisationsform gewählt werden soll.[42] Die zentrale Organisationsform kennzeichnet sich durch ihre autonome Stellung bzw. als Stabstelle im Unternehmen. Der Prozess, die Erstellung der Maßnahmen sowie die Steuerung sind im Verantwortungsbereich der zentralen Stelle untergliedert. Ein Chief Compliance Officer, der als Vorsitzender fungiert und die endgültigen Entscheidungen trifft, wird aus der Mitte der zentralen Stelle gewählt. Der Vorteil bei dieser Variante liegt darin, dass sämtliche Informationen die in den Verantwortungsbereich der Compliance Abteilung fallen, an einer Stelle gesammelt werden. Somit kann im Falle von kritischen Situationen eher reagiert werden sowie die Anliegen zügiger bearbeitet werden. Der größte Nachteil der zentralen Variante besteht darin, dass sich die Stabstelle Compliance aus dem Unternehmensgeschehen isoliert, was eine Entfremdung wahrscheinlich macht.[43]

Bei der Alternative der dezentralen Organisationsform finden sich Bereiche im Unternehmen wie Rechtsabteilung, Finance, Human Resources und die interne Revision in einem Gremium zusammen, um gemeinsam den Compliance-Prozess zu steuern und zu verantworten. Die Gefahr der Isolation würde bei der dezentralen Variante minimiert werden, da die Abteilungen in einem ständigen Austausch stehen. Durch den ständigen Austausch entsteht eine Transparenz der Abteilungen innerhalb eines Unternehmens, was die Integration des Compliance Regelwerks in die Prozesse der jeweiligen Abteilungen ermöglicht. Allerdings wird die Flexibilität in den Entscheidungen sowie die Reaktion in kritischen Situationen minimiert. Je mehr Bereiche nämlich in einem Unternehmen mitentscheiden dürfen, desto länger dauert der Prozess der Entscheidung.

In der Praxis finden sich in der Regel Mischformen der zentralen und dezentralen Organisationsform wieder.

---

[42] Vgl. Moosmayer, Rn. 106 ff..
[43] Vgl. Heißner, S. 156.

4.1.2.6 Compliance – Kommunikation

Mit der Compliance-Kommunikation soll sichergestellt werden, dass jede Person, die mit dem Thema Compliance in Berührung kommen kann, auch damit vertraut gemacht wird. Dabei spielt der „Tone from the Top", das heißt, die vom Management erklärte Einstellung zu dem Thema Compliance, eine essentielle Rolle.[44] Das Bekenntnis zur Integrität, zur Regeltreue und zur Notwendigkeit eines CMS erzielen unmittelbar eine Außenwirkung auf die Wahrnehmung der betroffenen Personen bezüglich der aufgestellten Regeln und Richtlinien. Die Kommunikation hat das Ziel, die Informationen so bereitzustellen, dass die betroffenen Personen genau darüber Bescheid wissen, welche Abläufe sie zu befolgen haben um ein adäquates CMS zu gewährleisten. Dies setzt voraus, dass die Berichtswege klar strukturiert sind und erkennbar ist, welche Stellen im Unternehmen benachrichtigt werden müssen, falls Regelverstöße auftreten. Sind Regelverstöße entstanden, sind dabei auch Ergebnisse der Ursachenanalyse und die möglichen Verbesserungen eines CMS zu kommunizieren, damit ein wiederholtes Auftreten minimiert werden kann. Die Compliance-Kommunikation kann in Form von Mitarbeiterriefen, Compliance Handbüchern, E-Mails oder Schulungen zum Thema Compliance stattfinden. Wirksam ist die Compliance-Kultur erst dann, wenn sich der Mitarbeiter bzw. der betroffene Dritte im Klaren darüber ist, welche Bedeutung eine zeitnahe Kommunikation hat.

4.1.2.7 Compliance – Überwachung und Verbesserung

Das siebte Element befasst sich mit den Überwachungsmaßnahmen und Verbesserungspotenzialen eines CMS. Mit der Überwachungtätigkeit wird das CMS auf seine Wirksamkeit geprüft. Entdeckte Schwachstellen und Regelverstöße sind den Verantwortlichen bzw. den Aufsichtsorganen mitzuteilen. Die Aufgabe der Aufsichtsorgane besteht dann im nächsten Schritt darin, das Management in Kenntnis über den Zustand des CMS zu setzen. Es obliegt dem Verantwortungsbereich des Managements, entdeckte Schwachstellen zu entfernen und den Regelverstößen entgegenzuwirken oder Verbesserungen einzuführen. Die Vollständigkeit und Aktualität der Dokumentation zählt dabei als wichtiges Instrument im Rahmen der Überwachung und Verbesserung.[45]

---

[44] Vgl. Otremba, S. 242.
[45] Vgl. IDW, IDW PS 980, Tz. 23, A20.

4.2 Risikomanagementsystem (RMS) nach IDW EPS 981

Risiken sind aus betriebswirtschaftlicher Sicht Abweichungen vom zu erwarten-
den Ergebnis. Unterschieden wird dabei zwischen positiven und negative Abweichungen. Positive Abweichungen werden als Chancen bezeichnet, während negative Abweichungen als echte Risiken betrachtet werden.[46] Im Zuge des RMS nach
dem IDW PS 981 ist das Ziel eines Unternehmens Vorsorge darüber zu treffen, dass
wesentliche Risiken, die den Unternehmenszielen entgegenstehen, frühzeitig zu
erkennen, zu bewerten, zu steuern und zu überwachen sind, sowie Verlustpotenzi-
ale einzugrenzen.[47] Die Risiken werden in zwei Bereiche kategorisiert. Der erste
Bereich stellt die strategischen Risiken dar. Strategische Risiken ergeben sich durch
die Gefährdung der strategischen Unternehmensziele, die sich das Unternehmen
langfristig gesetzt hat. Diese Risiken können aus falschen Geschäftsentscheidun-
gen, mangelnder Umsetzung der getroffenen Entscheidungen oder schlechter An-
passungsfähigkeit bei veränderten Umweltbedingungen bestehen.[48] Der zweite
Bereich behandelt die operativen Risiken. Diese entstehen im Verlauf der Geschäftstätigkeit bzw. durch den Leistungsherstellungsprozess. Anders als bei den
strategischen Risiken, werden die operativen Risiken aus einer kurzfristigen Perspektive betrachtet. Abgeleitet werden die operativen Risiken aus den operativen
Zielen, die den strategischen Zielen entgegenstehen.[49]

4.2.1 Anforderungen

Grundsätzlich lässt sich die Struktur aus dem Kapitel 4.1.4, die für das CMS bestehen, auch aus den nachfolgenden IDW Prüfungsstandards zu RMS, IKS und IRS entnehmen. Dementsprechend existiert die gleiche Vorgehensweise, was die Anforderungen betrifft. Daher liegt der Fokus in den jeweiligen Kapiteln zu RMS, IKS und
IRS viel mehr auf der Erläuterung und den Elementen der einzelnen Systeme. Glei-
ches gilt für die Angemessenheit der Grundelemente.[50]

---

[46] Vgl. Behringer, S.25.
[47] Vgl. IDW, IDW EPS 981, Tz. 8.
[48] Vgl. IDW, IDW EPS 981, A5.
[49] Vgl. IDW, IDW EPS 981, Tz. 10.
[50] Vgl. Link, S. 239.

4.2.2 Die acht Grundelemente eines RMS

Die acht Grundelemente des IDW PS 981 werden in ihrer Systematik anhand des COSO-Rahmenwerk dargestellt, welches im folgenden Schaubild abgebildet ist.

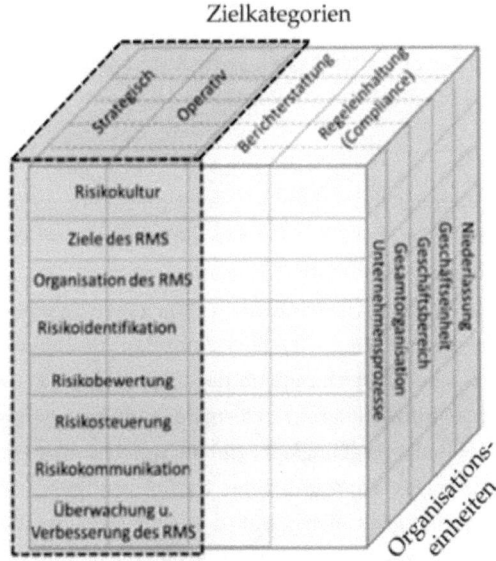

Abb. 4: Abgrenzung der Teilbereiche nach dem Modell des Risikomanagements gemäß COSO

Quelle: IDW, IDW EPS 981, S. 27.

4.2.2.1 Risikokultur

Das Verhalten und die grundsätzliche Einstellung gegenüber Chancen und Risiken prägen im Wesentlichen die Risikokultur innerhalb eines Unternehmens. Wie auch beim CMS entscheiden die Führungsorgane wie mit dem Begriff Risiko umzugehen ist. Die folgenden Merkmale nehmen im Wesentlichen Einfluss auf die Risikokultur:

- Verhaltensgrundsätze („Code of Conduct"), die vom Management vorgegeben werden

- Unterstützung zur Verbesserung des Risikobewusstseins sowie eine offene Kommunikation erkannter Risiken

- Die Reaktion der Unternehmensführung auf Krisensituationen oder einer kritischen Wirtschaftslage

21

- Differenzierung innerhalb der Risikobereitschaft wie z.B. Unterscheidung zwischen Eintritt in neue Märkte (Risikofreude) und Beachtung der internen Regelung (Null Toleranz)

- Konstante Kommunikation und Zusammenarbeit zwischen Aufsichtsrat und Vorstand

- Anreizsysteme, die das Einhalten bestehender Regelungen fördern, während das Nichteinhalten sanktioniert wird

4.2.2.2 Ziele des RMS

Aus den Unternehmenszielen und insbesondere aus den Unternehmensstrategien werden die Ziele abgeleitet und in Strategien für das RMS formuliert.[51] Die Risikostrategie wird aus den folgenden Bestandteilen zusammengefasst. Der erste Bestandteil „Risikoappetit" beschreibt, inwieweit Risiken eingegangen werden sollen um bestimmte Ziele zu erreichen. Ergänzt wird dieser mit dem Bestandteil „Risikotoleranz", welche die maximale Abweichung von der angestrebten Zielsetzung akzeptiert. Dabei werden Wesentlichkeitsgrenzen festgelegt, die entweder quantitativ oder qualitativ sind. Die „Risikotragfähigkeit" gibt an, welches maximale Risikoausmaß ein Unternehmen tragen kann unter der Berücksichtigung, dass der Fortbestand der Unternehmenstätigkeit nicht gefährdet wird. Alle Vorgaben werden in einer Risikopolitik zusammengefasst und im Unternehmen kommuniziert.[52]

4.2.2.3 Organisation des RMS

In diesem Schritt wird die Einbringung in die Aufbau- und Ablauforganisation behandelt. Insbesondere die Verantwortungsbereiche müssen definiert und transparent dargestellt sein sowie klar abgegrenzt, kommuniziert und dokumentiert werden. Hierzu werden die Aufgabenbereiche der Verantwortlichen und ihre hierarchische Stellung im Unternehmen festgelegt. In der Ablauforganisation werden die Rahmenbedingungen zu den Methoden des RMS festgelegt und diese mit den anderen Managementsystemen verknüpft. Zur Kommunikation und Dokumentation werden Handbücher oder Regelwerke eingesetzt. Die Implementierung in die IT-Systeme gilt als wichtiges Hilfsmittel, um die einzelnen RMS-Grundelemente angemessen darzustellen.[53]

---

[51] Vgl. IDW, IDW EPS 981, Tz. 30, A20.
[52] Vgl. IDW, IDW EPS 981, A20.
[53] Vgl. IDW, IDW PS 981, A21.

4.2.2.4 Risikoidentifikation, Risikobewertung und Risikosteuerung

Im Rahmen der Risikoidentifikation werden sowohl interne als auch externe Entwicklungen und Ereignisse regelmäßig analysiert und systematisiert, die einen wesentlichen Einfluss auf die Abweichungen innerhalb der Zielsetzung eines RMS nehmen können. Beeinflussende Faktoren sind z.B. politische, ökonomische, ökologische, soziale und technische Einflussfaktoren sowie solche, die sich auf die Aufbau- und Ablauforganisation des Unternehmens samt den internen Prozessen auswirken können, wie beispielsweise Fluktuationsrate der Mitarbeiter.[54] Anschließend sind die Risiken in Hinblick ihrer Eintrittswahrscheinlichkeit und ihrer Auswirkung in einem Bewertungsverfahren einzuordnen, um die Bedeutung der Risiken besser einschätzen zu können.[55] Dabei ist der Zeithorizont, der für die Bewertung der Risiken zugrunde gelegt wird, mit dem Zeithorizont der mit den Risiken in Zusammenhang stehenden Zielen abzustimmen.[56] Der Betrachtungszeitraum hängt von dem Branchenfokus ab, den sich das Unternehmen gesetzt hat. Einem Unternehmen steht es frei, die Einordnung der Risiken nach eigenem Ermessen zu bestimmen. Eine gängige Variante aus der Praxis ist die Einstufung der Risiken in hoch, mittel und niedrig. Ein Risiko ist dann als hoch einzustufen und erfordert Handlungsbedarf, wenn es die Erfüllung der festgelegten Ziele gefährdet. Das Bewertungsverfahren kann in qualitative und quantitative Methoden differenziert werden. Übliche qualitative Methoden sind Expertenbefragungen oder die Einschätzung der Risiken durch den Verantwortlichen. Bei den quantitativen Methoden können finanzmathematische Bezugsgrößen und Verfahren hinzugezogen werden wie beispielsweise der Value-at-Risk, der Cash-Flow at Risk, das Back Testing-Verfahren, die Szenarioanalyse, die Sensitivitätsanalyse oder der Stress Test.[57] Sind Risiken identifiziert und bewertet, kann das Management dann auf Basis dieser Erkenntnis im Zuge der Risikosteuerung geeignete Gegenmaßnahmen entwickeln. Die Maßnahmen umfassen insgesamt die Vermeidung der Risiken, die Verminderung der Risiken, die Risikoteilung und die Akzeptanz des Risikos. Für welche der vier Maßnahmen sich ein Unternehmen schlussendlich entscheidet, hängt von der Wesentlichkeit und Einstufung des Risikos ab. Es besteht jedoch noch die Möglichkeit zusätzlich eine Kosten-Nutzen-Analyse durchzuführen. Damit kann

---

54 Vgl. Nauer, S. 3.
55 Vgl. IDW, IDW EPS 981, Tz. 30, A23.
56 Vgl. IDW, IDW EPS 981, A23.
57 Vgl. Nauer, S. 3.

abgewogen werden, ob ein Risiko in Kauf genommen werden kann oder nicht. Verglichen werden in diesem Fall die Kosten, die durch das Eintreten des Risikos verursacht werden könnten, mit den Kosten, die mit den Gegenmaßnahmen in Verbindung stehen würden.

Der Prüfungsstandard empfiehlt darüber hinaus den aktuellsten Status der Umsetzung zu systematisieren, um die Nachvollziehbarkeit zu beurteilen (z.b. „in Bearbeitung" oder „bereits umgesetzt").[58]

4.2.2.5 Risikokommunikation

Die Risikokommunikation regelt den Informationsfluss im RMS. Die Informationen werden analysiert, systematisiert und verarbeitet, um den Informationsbedarf des jeweiligen Empfängers zeitnah zu decken.[59] Voraussetzung dafür ist, dass die Informationen als angemessen anzusehen sind. Informationen sind erst dann angemessen, soweit sie den aktuellen Zustand wiedergeben. Im Rahmen der Kommunikation ist zwischen dem internen und externen Kommunikationsweg zu unterscheiden. Die interne Kommunikation beinhaltet im Wesentlichen die Elemente des RMS, wie Bedeutung, Ziele, Risikoappetit, Risikotoleranzen, Verantwortlichkeiten, etc.. Die externe Kommunikation beschäftigt sich mit der Informationsweitergabe an die externen Adressaten (Stakeholder). Hierbei gilt es den Fokus zu setzen externen Adressaten für die Thematik zu sensibilisieren, um ihnen dabei ein Verständnis über die aktuelle Chancen- und Risikosituation des Unternehmens zu verschaffen.[60]

4.2.2.6 Überwachung und Verbesserung des RMS

Ob ein RMS generell funktionsfähig und effektiv ist, wird mit Hilfe von prozessintegrierten und prozessunabhängigen Kontrollen überwacht.[61] Prozessintegrierte Überwachungen sind im Prozess implementierte Kontrollmaßnahmen. Diese Kontrollmaßnahmen haben einen direkten Einfluss auf die Organisationseinheiten (Einkauf, operatives Geschäft etc.) und sind im dafür jeweiligen RMS-Prozess ausgestaltet.[62] Zu erwähnen ist hierbei beispielsweise die Kontrollmaßnahme des Vier-Augen-Prinzips. Erforderlich für die prozessintegrierte Überwachung ist die

---

[58] Vgl. IDW, IDW EPS 981, A24.
[59] Vgl. IDW, IDW EPS 981, Tz. 30, A25.
[60] Vgl. Nauer, S. 5.
[61] Vgl. IDW, IDW EPS 981, Tz. 30.
[62] Vgl. IDW, IDW EPS 981, A26.

Dokumentation in Form von Protokollen oder Checklisten. Prozessunabhängige Überwachungen sind nicht implementiert und werden entweder durch geplante Prüfungen (Audits) oder durch die interne Revision ausgeführt. Hierbei steht die objektive Beurteilung, ob das RMS wirksam und angemessen ist, im Mittelpunkt.

4.2.3 Abgrenzung zum Risikofrüherkennungssystem

Das Risikofrüherkennungssystem gemäß § 91 Abs. 2 AktG ist von dem RMS zu unterscheiden. Beide umfassen zwar die Grundelemente Risikoidentifikation, Risikobeurteilung, Risikokommunikation und Überwachung, jedoch nicht die Risikosteuerung, die lediglich vom RMS erfasst wird. Das Risikofrüherkennungssystem ist nur darauf ausgerichtet, bestandsgefährdende Risiken zu erkennen und zu verhindern. Allerdings richtet sich das RMS nur nach den operativen und strategischen Zielen, während das Risikofrüherkennungssystem alle Risiken, die das Unternehmen betreffen, mitberücksichtigt.

4.3 Internes Kontrollsystem (IKS) nach IDW EPS 982

Der IDW EPS 982 beinhaltet die Regelungen zur Prüfung des Internen Kontrollsystems der Unternehmensberichterstattung. Damit sind Informationen aus der Unternehmensberichterstattung gemeint, die aus den Kerngeschäfts- oder Unterstützungsprozessen stammen und entscheidungsrelevant für die Zielsetzung im Unternehmen sind.[63] Dabei wird in interne und externe Unternehmensberichterstattung unterteilt. Einige Beispiele hierfür sind aus der folgenden Tabelle zu entnehmen.

Interne Unternehmensberichter-stattung	Externe Unternehmensberichter-stattung
Internes Management-Reporting (z.B. Prognosen, Simulationen) Interne Risikoberichtserstattung Controlling-Berichte (z.B. Absatz- oder Personalcontrolling) Interne Berichte (z.B. Datenschutzbeauftragte, Umweltbeauftragte)	Jahresabschlüsse, Konzernabschlüsse Lageberichte Ad-hoc-Berichte Steuererklärung Berichte an Stakeholder (z.B. Banken, Kunden, Lieferanten) Corporate Governance Erklärung

Tab. 4: Aufteilung in interne und externe Unternehmensberichterstattung
Quelle: IDW, IDW EPS 982, A3; eigene Darstellung.

---

[63] Vgl. IDW, IDW EPS 982, Tz. 9, 17 a), b), c).

Das IKS wird bereits in dem IDW PS 261 erläutert. Dieser Standard beschäftigt sich rein mit dem rechnungslegungsbezogenen IKS im Rahmen der Jahresabschlussprüfung. Der IDW EPS 982 kann sich allerdings auf alle Prozesse im Unternehmen beziehen und geht dementsprechend über den Anwendungsbereich des IDW PS 261 hinaus.[64]

Das IKS-Rahmenwerk und die daraus resultierenden Elemente orientieren sich am Rahmenwerk des COSO Würfels. Der IDW EPS 982 weist zusätzlich darauf hin, dass Regelungen, die einschlägig sind für die Unternehmensberichterstattung z.b. durch HGB, IFRS, US-GAAP, unbedingt in der IKS-Beschreibung zu berücksichtigen sind.[65]

4.3.1 Die sechs Grundelemente eines IKS

4.3.1.1 Kontrollumfeld

Anders als bei den anderen Managementsystemen sind die Grundeinstellung, das Problembewusstsein, die Verhaltensanweisungen (Kultur) sowie die Aufbau- und Ablauforganisationen innerhalb der Verantwortlichkeiten (Organisation) in einem Element, dem Kontrollumfeld, zusammengefasst. Unterschiede im Inhalt sind jedoch nicht vorhanden.[66] Allerdings wird in diesem Standard explizit erwähnt, dass die Wirksamkeit nicht allein dadurch gewährleistet wird, weil ein funktionierendes Kontrollumfeld herrscht.[67] Viel mehr hängt die Wirksamkeit davon ab, ob sich die von den Geschäftsprozessen betroffenen Personen auch an die Regelungen halten.[68]

4.3.1.2 IKS-Ziele

Auf der Grundlage der allgemeinen Unternehmensziele legt die Unternehmensführung fest, welche entscheidungsrelevanten Informationen für welche Adressaten (interne und externe) erforderlich sind. Aus der Menge der Informationen leiten sich die Anforderungen an die Unternehmensberichterstattung ab, aus denen sich wiederum die Ziele für das IKS ableiten. Die Ziele im IKS sind darauf ausgerichtet, dass die Anforderungen an die Informationsbereitstellung eingehalten werden.[69]

---

[64] Vgl. IDW, IDW EPS 982, Tz. 12.
[65] Vgl. IDW, IDW EPS 982, A 22.
[66] Vgl. IDW, IDW EPS 982, Tz. 30 A 15.
[67] Vgl. IDW, IDW EPS 982, A15.
[68] Vgl. IDW, IDW EPS 982, Tz. 28.
[69] Vgl. IDW, IDW EPS 982, Tz. 30, A16.

4.3.1.3 Risikobeurteilung

Die Risikobeurteilung in Form von Analyse, Identifizierung und Bewertung der Risiken mit ihrer Eintrittswahrscheinlichkeit wird dazu eingesetzt, um das Erreichen der IKS-Ziele nicht zu gefährden. Diese Risiken ergeben sich sowohl durch interne Begebenheiten wie fehlerhafte Prozesse oder personenverursachte Fehler, als auch durch externe Faktoren wie Veränderungen der Umweltbedingungen. Damit die Risikobeurteilung sinnvoll eingesetzt werden kann, müssen identifizierte Risiken im engen Zusammenhang zu den IKS-Zielen stehen. Das weiteren sind bei der Analyse und Beurteilung der Risiken Veränderungen aus internen oder externen Begebenheiten zu berücksichtigen, wenn sie einen wesentlichen Einfluss auf das IKS nehmen.[70]

4.3.1.4 Kontrollaktivitäten

Die Kontrollaktivitäten sind dazu da, um den identifizierten Risiken entgegenzuwirken und die Erreichung der IKS-Ziele zu fördern. Kontrollaktivitäten bestehen aus Steuerungs- und Kontrollmaßnahmen, die in fehlervermeidend und fehleraufdeckend unterschieden werden können. Bei den fehlervermeidenden Kontrollaktivitäten ist das Ziel potentielle auftretende Fehler erst gar nicht in den Verarbeitungsprozess mit aufzunehmen. Dabei werden die Ursachen für die Entstehung der Risiken frühzeitig ermittelt und angegangen. Dadurch steigert sich unmittelbar das allgemeine Sicherheitsniveau. Fehleraufdeckende Kontrollaktivitäten werden im Laufe des Verarbeitungsprozesses eingesetzt und sind dazu da, die Verarbeitungsergebnisse auf Richtigkeit und Vollständigkeiten abzusichern.[71] Aktivitäten aus den fehleraufdeckenden Kontrollen können einen positiven Einfluss auf die fehlervermeidenden Kontrollen haben. Zu erwähnen ist in diesem Fall, dass die Sorgfalt der Mitarbeiter gegenüber den Prozessen steigen kann.[72] Unterschieden werden die Kontrollaktivitäten in manuelle und IT-Kontrollen. Beispiele hierfür sind aus der folgenden Tabelle zu entnehmen.

Manuelle Kontrollen	IT Kontrollen
Unterschriften und Genehmigungen, die nur von bestimmten Personen erteilt werden können	Sicherungsmaßnahmen im IT-Netzwerk, welche beispielsweise die Zugriffsberechtigung für Mitarbeiter regeln

---

[70]   Vgl. IDW, IDW EPS 982, Tz. 30, A17.
[71]   Vgl. IDW, IDW EPS 982, A18.
[72]   Vgl. IDW, IDW PS 261, Tz. 54.

Mind. zwei Personen überprüfen einen Sachverhalt, Kontrakt etc. (4-Augen-Prinzip)	Sicherungsverfahren, die wichtige Daten schützen
Kennzahlenanalyse, die einen schnellen Überblick über die aktuelle Lage verschaffen	Maßnahmen, die sowohl für den geregelten Betrieb als auch für den Notfallbetrieb vorhanden sind
Physische Inaugenscheinnahme, um die Existenz von Wirtschaftsgüter zu bestätigen	IT-Systeme, bei denen alle Eingaben, Verarbeitungen und Ausgaben kontrolliert werden
	Softwarelösungen, die bei der Dokumentation unterstützen

Tab. 5: Aufteilung in manuelle und IT-Kontrollaktivitäten
Quelle: IDW, IDW EPS 982, A18, eigene Darstellung.

4.3.1.5 Information und Kommunikation

Wie auch bei den anderen Systemen muss die Informationsstruktur so aufgebaut werden, dass jede betroffene Person im IKS sich seiner jeweiligen Verantwortung und Aufgabe bewusst ist. Organisationsbücher, Schulungen sowie Richtlinien für die interne und externe Unternehmensberichterstattung können als Hilfswerk eingesetzt werden, um betroffene Personen für das IKS zu sensibilisieren.[73]

4.3.1.6 Überwachung des IKS

Mit der Überwachung wird das IKS auf seine Wirksamkeit und Angemessenheit überprüft. Die objektive Beurteilung darüber wird entweder von den prozessunabhängigen Mitarbeitern (z.B. internen Revisionen) oder von den prozessabhängigen Mitarbeitern (z.B. Abteilungsleiter) gegeben. Lassen sich im Verlauf der Überwachung Unregelmäßigkeiten feststellen, ist es notwendig, Verbesserungen einzuführen, was die Wirksamkeit des IKS weiterhin gewährleistet. Eine stetig durchgeführte Dokumentation ist auch für dieses Managementsystem erforderlich.[74]

4.4 Internes Revisionssystem (IRS) nach IDW EPS 983

Die interne Revision ist eine vom Unternehmensgeschäft unabhängige organisatorische Einheit in einem Unternehmen, welche die Aufgabe hat, objektive Prüfungen und Beratungsdienstleistungen durchzuführen, mit dem Ziel, die Geschäftsprozesse zu verbessern. Zudem unterstützt die Interne Revision andere

---

[73] Vgl. IDW, IDW EPS 982, Tz. 30, A19.
[74] Vgl. IDW, IDW EPS 982, Tz. 30, A 20.

Organisationseinheiten im Unternehmen bei deren Zielerfüllung. Ermöglicht wird das, indem das Risikomanagement, die internen Kontrollen sowie die Führungs- und Überwachungsprozesse von der internen Revision bewertet und verbessert werden.[75] Diese Definition stammt aus den internationalen Standards für die berufliche Praxis der Internen Revision (IPPF). Entsprechend orientiert sich der IDW EPS 982 bezüglich der Begriffsdefinitionen sowie die Aussage zur Angemessenheit und Wirksamkeit an den Grundlagen aus dem IPPF.[76] Diese Leitlinien werden von einem internationalen Verband der internen Revisoren, dem Institute of Internal Auditors (IAA), herausgegeben und als verbindlich oder empfohlen eingestuft.[77] Für Deutschland ist das Deutsche Institut für Interne Revision (DIIR) stellvertretend. Diese erstellt eine Übersetzung der IPPF zur Verfügung und entwickelt eigene Standards, die sich auf nationale Besonderheiten beziehen.

4.4.1 Grundelemente eines IRS

Die Anforderung, die sich auf ein angemessenes IRS beziehen, ist die Gesamtheit der Regelungen, die mit den IRS-Grundsätze übereinstimmen.[78] Um eine Vergleichbarkeit zu schaffen leiten sich die IRS-Grundsätze aus den Regelungen zu den Grundelementen nach den IDW PS 980 und IDW EPS 981-982 ab.[79]

4.4.1.1 Revisionskultur

Auf Grundlage der Revisionskultur lässt sich bestimmen, ob das IRS grundsätzlich als angemessen und wirksam beurteilt werden kann. Wie auch bei den anderen Systemen leitet sich die Revisionskultur aus der Unternehmensphilosophie ab, die vom Management bestimmt wird. Das Management bestimmt auch den Stellenwert, den die interne Revision im Unternehmen hat. Daraus wird die Bedeutsamkeit erkennbar gemacht.[80]

---

[75] Vgl. IDW, IDW EPS 983, Tz. 18 a).
[76] Vgl. Kirstan, S.3.
[77] Vgl. IDW, IDW EPS 983, A9.
[78] Vgl. IDW, IDW EPS 983, Tz. 18 c), A4.
[79] Vgl. IDW, IDW EPS 983, A18.
[80] Vgl. IDW, IDW EPS 983, A19.

4.4.1.2 Organisation des IRS

Die Rollen und Verantwortlichkeiten sowie die Voraussetzungen für die Aufbau- und Ablauforganisation werden in diesem Element des IRS geklärt. Damit der ermittelte Informationsgehalt generell verwertet werden kann, gilt die Bedingung, dass die interne Revision objektiv, neutral und unabhängig im Rahmen ihrer Prüfungstätigkeiten agiert.[81]

4.4.1.3 Ziele des IRS

Abhängig von den Unternehmenszielen und vom Audit Universe sowie von den ermittelten und bewerteten Risiken, lassen sich die Ziele für das IRS ermitteln. Das Audit Universe ist ein strategisches Instrument, welches die Gesamtheit der Prüfungsfelder darstellt und als Risikolandkarte bezeichnet wird. Sie verschafft einen Überblick über sämtliche Geschäftsfelder in einem Unternehmen. Sie bildet das Grundgerüst für die risikoorientierte Prüfungsprogrammplanung.[82] Auf Basis der ermittelten Ziele wird der Umfang der Prüfungsplanung und der Umfang des Prüfungsprogramms festgelegt.[83] Mit den Zielen des IRS lässt sich auch beurteilen, ob die Maßnahmen zur Aufdeckung von Straftaten wirksam sind.

4.4.1.4 Revisionsplanung und – programm

Sind die Ziele definiert, die Risiken identifiziert und das Audit Universe bestimmt, ist im Anschluss daraus eine standardisierte und risikoorientierte Gesamtplanung zu erstellen. Die einzelnen Programme, die für die jeweilige Prüfung im Unternehmen eingesetzt werden sollen, stammen aus der bereits im Vorfeld erstellten Gesamtplanung ab.[84]

4.4.1.5 Revisionsdurchführung

Im Zuge dieses Elements erfolgt die Umsetzung der Gesamtplanung, in dem Maßnahmen und Handlungen zur Vor- und Nachbereitung definiert werden, die für die Prüfung eingesetzt werden sollen. Zur Unterstützung werden Meilensteine festgelegt, die einen Überblick über den aktuellen Stand verschaffen sollen. Jedes

---

[81] Vgl. IDW, IDW EPS 983, A19.
[82] Vgl. Dörfler, S. 281.
[83] Vgl. IDW, IDW EPS 983, A19.
[84] Vgl. IDW, IDW EPS 983, A19.

Ergebnis ist im Rahmen der Berichtserstattung sachgerecht und ordnungsgemäß zu dokumentieren, um die Nachvollziehbarkeit zu gewährleisten.[85]

4.4.1.6 Revisionskommunikation

Innerhalb des Prüfungsteams sind Regeln zur Kommunikation zu definieren. Dazu zählt insbesondere die Berichtserstattung an den Vorstand und Aufsichtsrat. Die Kommunikation findet jedoch nicht nur einseitig statt. Die interne Revision muss in einem ständigen Informationsaustausch mit den anderen Stakeholdern sein (z.B. Mitarbeiter aus andere Abteilungen, Lieferanten etc.).[86]

4.4.1.7 Revisionsüberwachung und – verbesserung

Die Interne Revision ist in einem dynamischen Umfeld ständigen Herausforderungen ausgesetzt. Veränderungen der Rahmenbedingungen und den daraus resultierenden Gefahren erfordern eine kontinuierliche Überwachung und Verbesserung des IRS. Mit Hilfe von internen und externe Qualitätskontrollen kann beurteilt werden, ob ein IRS als sicher eingestuft werden kann. Die Verantwortung trägt dabei der Revisionsleiter.

4.5 Das Zusammenspiel der vier Governance-Elemente

Obwohl die einzelnen Governance-Elemente ihren eigenen Standard haben und bestimmte Ansätze nur für bestimmte Systeme anwendbar sind, dürfen die Managementsysteme keinesfalls als einzelne voneinander unabhängige Elemente betrachtet werden. Hinsichtlich des konzeptionellen Aufbaus, Inhalts und der Ziele weisen die einzelnen Governance-Funktionen große Schnittmengen auf.[87] So ist die zentrale Aufgabe, beispielsweise im Falle der Zielsetzung aller vier Governance-Elemente, welche aus den allgemeinen Unternehmenszielen abgeleitet sind, Schaden vom Unternehmen abzuwenden.[88]

Im Rahmen des Corporate Governance können die einzelnen Systeme als Teilbereiche betrachtet werden. Alle Teilbereiche hängen voneinander ab und stehen in permanenter Wechselwirkung zueinander. So kann beispielsweise das RMS als ein

---

85 Vgl. IDW, IDW EPS 983, A19.
86 Vgl. IDW, IDW EPS 983, A19.
87 Vgl. Laue, S.6 & vgl. Marekfia, S.63.
88 Vgl. Otremba, S. 140.

Bestandteil von CMS aufgefasst werden. Andererseits kann das CMS auch ein Teil RMS sein. Aus der Sicht, dass CMS ein Teil vom RMS ist, wird das Risiko verstanden, was entstehen kann, wenn interner Richtlinien und Vorgaben verletzt werden. Der Verstoß dieser Vorgaben kann zu materiellen Schäden führen, z. B. zu Strafzahlungen.[89] Ist das RMS ein Teil von CMS werden die Compliance-Vorgaben dazu eingesetzt um das Risikomanagement bei der Umsetzung zu fördern.[90] Aus Sicht der KPMG lässt sich folgende Abbildung zu den vier Corporate-Governance-Elemente darstellen.

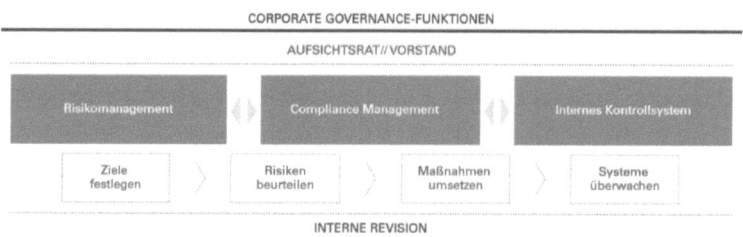

Abb. 5: Die vier Governance-Elemente im Zusammenspiel
Quelle: Laue, S.7.

Daraus lässt sich erkennen, dass das CMS in ständiger Wechselwirkung zum IKS und zum RMS steht. Das IRS sowie der Aufsichtsrat/Vorstand bilden dabei die Überwachungs- und Kontrollfunktion ab.

---

[89] Vgl. Marekfia, S.58.
[90] Vgl. Marekfia, S.59.

5 Die Bekämpfung der Wirtschaftskriminalität mithilfe von Managementsysteme nach den IDW Standards?

5.1 Eine kritische Analyse der IDW PS 980 ff.

Mit den Prüfungsstandards hat das IDW ein Rahmenwerk zur Verfügung stellen lassen, an denen sich Unternehmen orientieren können, wenn es um die Frage geht, was ein Managementsystem ist und welche grundsätzlichen Anforderungen daran gerichtet sind. Es fordert im Anschluss, dass es in die Unternehmensprozesse eingebunden werden soll.

Um den Rahmenwerken eine breite Akzeptanz in der Unternehmenswelt zu verschaffen, sind Inhalte anderer internationaler Standards bei der Erstellung der IDW Standards mit eingeflossen oder in den jeweiligen IDW Standards erwähnt.[91] An dieser Stelle lässt sich der erste Kritikpunkt feststellen. Die Standards sind im Wesentlichen für den Wirtschaftsprüfer im Zuge seiner Prüfungstätigkeit ausgerichtet. Geht es um die Beschreibung oder Anforderungen eines Managementsystems, verweisen die Standards größtenteils auf die anerkannten Rahmenkonzepte.[92] Das liegt unter anderem daran, dass die Prüfungsstandards offen in ihrem Inhalt sind.[93] Das bedeutet, dass die Standards eine breite Anwendung anbieten und um weitere anerkannte Rahmenkonzepte erweitert werden können. Das Problem dabei ist allerdings die starke Abstraktion der Anforderungen. Zwar lassen sich die Anforderungen nicht auf Unternehmensgrößen oder -branchen beschränken, dennoch fällt die Umsetzung durch den breiten Interpretationsspielraum der Anforderung im Unternehmen schwer.[94]

Ein weiterer Kritikpunkt ist die Anlehnung der Managementsystemziele an die allgemeinen Unternehmensziele. Es macht durchaus Sinn, dass die Ziele miteinander korrelieren sollen. Der Inhalt der Unternehmensziele muss dennoch im vornherein kritisch hinterfragt werden, bevor sich die Managementsystemziele danach ausrichten.[95]

---

[91] Vgl. Heißner, S.160.
[92] Vgl. Grüninger, S.5.
[93] Vgl. Heißner, S.160.
[94] Vgl. Behringer, S. 98.
[95] Vgl. Grüninger, S.6.

Ein weiteres Problem, das sich aus den Prüfungsstandards erkennen lässt, ist der Bezug zur Wirksamkeit und Angemessenheit. Laut den Standards ist die Wirksamkeit erst dann gegeben, wenn Regelverstöße rechtzeitig erkannt und angegangen werden können. Werden die Managementsysteme jedoch absichtlich oder durch menschliche Fehlleistungen außer Kraft gesetzt, gilt das Managementsystem laut den IDW Standards dennoch als wirksam. Absichtliche oder menschlich verursachte Fehlleistungen sind demnach nicht mit den Prüfungsstandards abgedeckt. Ein ähnliches Problem ergibt sich bei der Angemessenheit. Als angemessen gilt das Managementsystem nämlich erst dann, wenn mit hinreichender Sicherheit belegt werden kann, dass Risiken für wesentliche Verstöße rechtzeitig erkannt wie auch verhindert werden können. In der Praxis stellt das jedoch eine systematische Überforderung eines Managementsystems dar.[96]

5.2 Sind Managementsysteme nach den IDW PS 980 ff. auch funktionsfähige Präventionssysteme?

Die Managementsysteme nach dem IDW PS 980 ff. bieten grundsätzlich einen guten Ansatz für ein potentielles Präventionssystem. Sie sind jedoch inhaltlich nicht ausgereift genug, um den Facettenreichtum der Wirtschaftskriminalität umfassend abzudecken. Die IDW Standards sind reine Leitlinien, die im Rahmen einer Prüfung beschreiben, welche Maßnahmen und Grundelemente Managementsysteme beinhaltet haben sollten. Eine detaillierte Form der Anwendung ist nicht beschrieben. Alle Fragen bezüglich der Anwendung, die sich während der Erstellung eines Managementsystems ergeben, werden nicht beantwortet. Dazu zählen Fragen wie:

- Wie werden Risiken ermittelt und bewertet?
- Wie sehen wirkungsvolle Kontrollmaßnahmen aus?
- Wie wird die Regeltreue effizient kommuniziert?

Und obwohl sich die Prüfungsstandards von der Frage distanzieren, wie gewährleistet wird, dass die Regelungen auch tatsächlich eingehalten werden, zählt das für die Aufsichtsräte und Vorstand als eine der wichtigsten zu klärenden Frage.

Betroffene Personen im Umfeld eines Managementsystems beeinflussen maßgeblich, ob die Regeln und Richtlinien auch tatsächlich eingehalten und ausgeführt werden. Basierend auf dem Wohlbefinden der betroffenen Personen wird das

---

[96] Vgl. ebd., S.6.

Verhalten gegenüber den Managementsystemen bestimmt. Aus dem Blickwinkel eines Mitarbeiters spielen die Wahrnehmung von Führungsstilen, das Betriebsklima, das Bewusstsein für die Regeln und die Anreizsysteme in Form von Erfolgsbeteiligung essentielle Rollen zur Einstellung gegenüber der aufgestellten Regeln. Werden diese Einflussfaktoren insgesamt zu negativ beeinflusst, besteht die Wahrscheinlichkeit, dass die Einstellung gegenüber aufgestellten Regeln und Richtlinien missfällt.

Um die IDW PS 980 ff. sinnvoll einzusetzen macht es für den Aufsichtsrat generell Sinn, Expertise von außen zu beziehen. Ein Wirtschaftsprüfer, für den die Standards in erster Linie erstellt worden sind, verfügt über ausreichend Methodik, Erfahrung und Kompetenz, die Inhalte so zu interpretieren, damit die Abstraktionen in den Standards zu sinnvollen funktionsfähigen Systemen umgewandelt werden können. So würde beispielsweise ein Wirtschaftsprüfer im Rahmen der Compliance-Kultur keine Frage stellen wie: „Wie wichtig sind Ihnen Ehrlichkeit in ihrem Unternehmen?". Die Beantwortung der Frage lässt sich leicht verfälschen. Stattdessen würde er nach Informationen suchen, die die Integrität zum Unternehmen nachweisen. Dazu zählen beispielsweise Protokolle oder Dokumente, die Aufschluss darüber geben, wie oft Schulungen und Trainings bezüglich Compliance etc. durchgeführt wurden.[97]

Für den Aufsichtsrat besteht darüber hinaus die Möglichkeit mit Hilfe der Standards das Haftungsrisiko der Gesellschaft zu minimieren und dadurch Reputationsschäden zu vermeiden.[98] Allerdings muss erwähnt werden, dass der Wirtschaftsprüfer sich im Rahmen seiner Prüfungstätigkeit nicht das Ziel setzen wird Wirtschaftskriminalität aufzudecken. Ziel ist es im Zuge seiner Berufspflicht die Systeme lediglich auf ihre Angemessenheit und Wirksamkeit zu prüfen.

---

[97] Vgl. Heißner, S. 163-164.
[98] Vgl. Wermelt, S. 933.

6 Schlussbetrachtung

Um das Anliegen dieser Thesis noch einmal aufzugreifen: Hat das IDW Prüfungs-standards erschaffen, an denen sich der Aufsichtsrat in Bezug auf Prävention von Wirtschaftskriminalität orientieren kann? Diese Frage lässt sich nicht pauschal mit ja oder nein beantworten.

Wirtschaftskriminalität ist eine Problematik, mit welcher sich die Unternehmen ständig auseinandersetzen müssen. Drohende Reputationsschäden und Gefähr-dung der Geschäftsfortführung zwingen die Unternehmen dazu, dem Facetten-reichtum der Wirtschaftskriminalität entgegenzuwirken. Mit den Managementsys-temen in Form der vier Governance-Elementen hat sich gezeigt, dass ein Hilfsmittel existiert, Wirtschaftskriminalität präventiv anzugehen. Das IDW hat daher ein Re-gelwerk geschaffen, welches die Anforderungen an die jeweiligen vier Governance-Elemente beschreibt. In den Anforderungen und der Beschreibung sind die Stan-dards nahezu deckungsgleich. Sind Unterschiede im Inhalt vorhanden, verweisen die Standards grundsätzlich auf andere anerkannte Rahmenkonzepte. Die wesent-lichen Inhalte der IDW PS 980 ff. beschränken sich allerdings auf den Prüfungspro-zess, womit Fragen zum Detail nicht ausreichend beantworten werden können. Diese Vorgehensweise ist jedoch bewusst vom IDW gewählt. Aufgrund der indivi-duellen Geschäftstätigkeit der Unternehmen ist es kaum möglich alle Prozesse und Bereiche innerhalb des Unternehmens mit den Standards abzudecken. Vielmehr versucht das IDW ein Regelwerk mitzugeben, an denen sich Unternehmen und de-ren Aufsichtsräte orientieren können. Des Weiteren ist empfohlen externe Berater miteinzubeziehen die über genug Expertise verfügen den Interpretationsspiel-raum der Prüfungsstandards einzugrenzen und ein geeignetes Managementsys-tem, anhand der individuellen Geschäftstätigkeit, mit einzurichten.

Insgesamt ist die Intention des IDW allerdings als positiv zu betrachten. Das Thema der Wirtschaftskriminalität umfasst bereits einen längeren Betrachtungszeitraum, während im Vergleich die Prävention in Form von CMS, RMS, IKS und IRS erst in jüngster Zeit thematisiert wird. Mit den Prüfungsstandards hat das IDW einen Ver-such gestartet, einen Orientierungsrahmen zu erschaffen, welcher der Prävention von Wirtschaftskriminalität gelten kann. Mit dem IDW PS 980 hat sich bereits er-folgreich gezeigt, wie sich ein Standard in der Unternehmenswelt etablieren kann. Es bleibt daher in naher Zukunft abzuwarten, wie und ob sich die neuen Standards IDW PS 981-983 auch durchsetzen werden.

Literatur

Behringer, S. (2016): Compliance für Aufsichtsräte, 1 Auflage, Erich Schmidt Verlag, Berlin 2016.

Burkatzki E., Löhr, A. (2009): Wirtschaftskriminalität, Institutionenordnung und Ethik, 1 Auflage, Rainer Hampp Verlag, Mering 2009.

DCGK (2017): Regierungskommission Deutscher Corporate Governance Kodex (Hrsg.), Deutscher Corporate Governance Kodex (in der Fassung vom 07.02.2017), verfügbar unter: http://www.dcgk.de//files/dcgk/usercontent/de/download/kodex/170424_Kodex.pdf, Zugriff am 19.03.2018.

Dörfler, P., Géronne-Neels, P., Hein, T. (2012): Praxis der Internen Revision, 1. Auflage, Erich Schmidt Verlag, Berlin 2012.

Ganguli I., Hetzler S., Quedenfeld R. (2010): Prävention und Bekämpfung von betrügerischen Handlungen/Wirtschaftskriminalität, Bundesverband Öffentlicher Banken Deutschlands, Berlin 2010.

Grüninger, S. (2010): Compliance Prüfung nach dem IDW EPS 980: Pflicht oder Kür für den Aufsichtsrat? In: KICG-Forschungspapier Nr. 1, verfügbar unter: http://hdl.handle.net/10419/98177, Zugriff am: 01.2.2018.

Häfele, M. (URL 2): Aufsichtsrat: Wichtiges Kontrollorgan, verfügbar unter: https://www.haufe.de/oeffentlicher-dienst/haushalt-finanzen/herausforderung-und-verantwortung-des-aufsichtsrats/der-aufsichtsrat-wichtiges-kontrollorgan_146_280772.html, Zugriff am: 15.03.2018.

Heißner, S. (2014): Erfolgsfaktor Integrität, 2 Auflage, Springer Gabler Verlag, Wiesbaden 2014.

Institut der Wirtschaftsprüfer e.V. (2011): IDW Prüfungsstandard 980: Grundsätze ordnungsmäßiger Prüfung von Compliance Management Systemen (IDW PS 980).

Institut der Wirtschaftsprüfer e.V. (2016): Entwurf eines IDW Prüfungsstandard 981: Grundsätze ordnungsmäßiger Prüfung von Risikomanagementsystemen (IDW EPS 981).

Institut der Wirtschaftsprüfer e.V. (2016): Entwurf eines IDW Prüfungsstandard 982: Grundsätze ordnungsmäßiger Prüfung des internen Kontrollsystems der Unternehmensberichterstattung (IDW EPS 982).

Institut der Wirtschaftsprüfer e.V. (2016): Entwurf eines IDW Prüfungsstandard 983: Grundsätze ordnungsmäßiger Prüfung von internen Revisionssystemen (IDW EPS 983).

Kirstan, T, Link, M., (2017): Prüfung des internen Revisionssystems, Deloitte, verfügbar unter: https://www2.deloitte.com/content/dam/Deloitte/de/Documents/audit/Audit_Pr%C3%BCfung-Internes-Revisionssystem.pdf, Zugriff am: 20.03.2018.

Köhler-Ma, C., Geiser, G., Stark, J. (2018): Compliance in der Unternehmenskrise, 1. Auflage, Springer Gabler Verlag, Wiesbaden (2018).

Laue, J. (2016): Vierer mit Steuermann, KMPG, verfügbar unter: https://home.kpmg.com/content/dam/kpmg/de/pdf/Themen/2016/kpmg-4d-governance-2016-KPMG.pdf, Zugriff am: 16.03.2018.

Leyendecker, H. (URL 1): Das ist wie bei der Mafia, Süddeutsche Zeitung, verfügbar unter: http://www.sueddeutsche.de/wirtschaft/siemens-korruptionsaffaere-das-ist-wie-bei-der-mafia-1.1046507#redirectedFrom-Landingpage, Zugriff am: 19.03.2018

Link, M., Steßl A. (2016): IDW EPS 981 – Erste Überlegungen zur Prüfung von Risikomanagementsystemen und seiner Bedeutung im Kontext effektiver Corporate Governance, in: Compliance-Berater, Beitrag CB 2016, S. 238 (Heft 07).

Löw, A., (2002): Integriertes Risiko-Management der Wirtschaftskriminalität, in: Schriftenreihe Band 43, Institut für Versicherungswirtschaft der Universität St. Gallen, St. Gallen 2002.

Marekfia, W. (2017): Strategisches GRC-Management, Ilmenauer Schriften zur Wirtschaftsinformatik, Band 3, Universitätsverlag Ilmenau, Ilmenau 2017.

Moosmayer, K. (2015): Compliance: Praxisleitfaden für Unternehmen. 3 Auflage, Beck Verlag, München 2015.

MÜLLER, C. (1995): Wirtschaftskriminalität: Analyse eines interdisziplinären Phänomens, in: Der Schweizerische Treuhändler,10/95, S. 839–846.

Nauer, P. (2017): COSO "Enterprise Risk Management – Integrated Framework" als internationale Benchmark für Risikomanagementsysteme, verfügbar unter: http://www.alconet.de/Obs_Summary_coso_Framework_d.pdf, Zugriff am: 06.03.2018.

Otremba, S. (2016): GRC-Management als interdisziplinäre Çorporate Governance, 1 Auflage, Springer Gabler Verlag, Wiesbaden 2016.

Romeike, F. (URL 4): Die Compliance-Risikoanalyse, RiskNET, verfügbar unter: https://www.risknet.de/themen/risknews/die-compliance-risikoanalyse/96caa9878dd41c79718574d8b0f2b0a4/, Zugriff am: 20.03.2018.

Schuchter, A. (2011): Perspektiven verurteilter Wirtschaftsstraftäter, 1 Auflage, Gabler Verlag, St. Gallen, Schweiz 2012.

Schuchter, A. (2018): Wirtschaftskriminalität und Prävention, 1 Auflage, Springer Gabler Verlag, St. Gallen, Schweiz 2018.

Wermelt, A., Schffler, R. (2017): Risikomanagement und Wirtschaftsprüfung, in: WPg 16.2017, S. 925-933.

Wischermann, B. (URL 3): Kontrolle, Gabler Wirtschaftslexikon, verfügbar unter: http://wirtschaftslexikon.gabler.de/Definition/kontrolle.html, Zugriff am: 10.03.2018.

Wolfe, D. T., Hermanson, D. R. (2004): The Fraud Diamond: Considering the Four Elements of Fraud, The CPA Journal, Vol. 74, No. 12, 2004, S. 38–42.

Zentes, U. (2017): Das Sieben-Säulen-Modell der Korruptionsprävention, 1. Auflage, Springer Gabler Verlag, Wiesbaden 2017.